BEI GRIN MACHT SICH IHR
WISSEN BEZAHLT

Gruppentraining in Fitnesstreffs. Analyse eines Kursangebots und Konzeption eines Wirbelsäule-Trainings

GRIN ☺

Bibliografische Information der Deutschen Nationalbibliothek:

Die Deutsche Nationalbibliothek verzeichnet diese Publikation in der Deutschen Nationalbibliografie; detaillierte bibliografische Daten sind im Internet über http://dnb.d-nb.de abrufbar.

ISBN: 9783346383426
Dieses Buch ist auch als E-Book erhältlich.

Druck und Bindung: Books on Demand GmbH, Norderstedt Germany
Gedruckt auf säurefreiem Papier aus verantwortungsvollen Quellen

Das vorliegende Werk wurde sorgfältig erarbeitet. Dennoch übernehmen Autoren und Verlag für die Richtigkeit von Angaben, Hinweisen, Links und Ratschlägen sowie eventuelle Druckfehler keine Haftung.

Das Buch bei GRIN: https://www.grin.com/document/989671

Deutsche Hochschule für

Prävention und Gesundheitsmanagement

Hermann Neuberger Sportschule 3

66123 Saarbrücken

Einsendeaufgabe

Fachmodul: Gruppentraining 1

Studiengang: B.A Fitnessökonomie

Inhaltsverzeichnis

1 Besuch des Kurses „Box Fitness (für Fortgeschrittene)"

1.1 Phasenverlauf der „Box Fitness"-Stunde

Der „Box-Fitness-Kurs" beim FitnessTreff folgt der, allgemein im Sport anerkannten, Drei-Phaseneinteilung einer Trainingseinheit bestehend aus Einleitung, Hauptteil und Schlussteil.

Bereits am Empfang werden alle Teilnehmer freundlich begrüßt. Dies wiederholt der Kursleiter A.nochmals vor der gesamten Gruppe, nachdem die erfahrenen Teilnehmer die 9 Boxsäcke aufgehängt haben. Da es sich um einen Kurs für Fortgeschrittene handelt, entfällt eine Vorstellung meistens. Neuen Teilnehmern wird allerdings meist eine besondere Aufmerksamkeit geschenkt und es werden umfassendere Hinweise zur Ausführung gegeben. Auch der Schwerpunkt der Kurseinheit, welcher auf einer Verbesserung der Schnellkraft und der anaeroben Ausdauerleistungsfähigkeit liegt, wird prägnant kommuniziert.

Zügig beginnt daraufhin die Erwärmung zu Musik mit 140-150 Schlägen pro Minute, zunächst ganz allgemein mit einer einfachen Schrittfolge aus der Kampfstellung des Boxen heraus, welche im Verlauf der speziellen Erwärmung mit Einzeltechniken aus dem Boxen zu einer Kombination ausgebaut wird.

Konkret bedeutet dies, dass eine schreitende Distanzüberbrückung und Wiederherstellung der linksausgelegten Kampfstellung und ein schreitender Rückschritt mit einer Wiederherstellung der linksausgelegten Kampfstellung ausgeführt wird. Darauf folgt ein Schritt nach links, mit Wiederherstellung der Kampfstellung und ein Schritt nach rechts mit Wiederherstellung der Kampfstellung.

Im Aerobic-Bereich könnte man diese Schrittkombination vereinfacht mit Step Forwards-Tab, Step Backwards-Tab, Sidestep left-Tab, Sidestep right-Tab beschreiben.

In der circa fünfzehnminütigen speziellen Erwärmung wird die Schrittkombination nun mit Einzeltechniken und Meidbewegungen aus dem Boxen ergänzt.

Während der Distanzüberbrückung wird zunächst ein Jab hinzugefügt, daraufhin beim Nachziehen des hinteren Beines noch ein Punch.

Während des Seitschrittes wird ein „Abrollen", auch „Abtauchen" genannt, ausgeführt.

Nach 16-maliger Wiederholung wird der Jab durch einen linken Seithaken und der Punch durch einen rechten Seithaken ersetzt. Nach erneuten 16 Wiederholungen wird der linke Seithaken durch einen linken Uppercut und der rechte Seithaken durch einen rechten Uppercut ersetzt. Damit wären auch schon alle möglichen Einzelschlagtechniken aus dem Boxen abgearbeitet und die gesamte Schrittfolge, mit Ergänzungen, wird noch einmal in der Rechtsauslage durchlaufen.

Hiernach sind die Teilnehmer mental eingestimmt, erwärmt und leistungsbereit, die boxsportspezifischen Muskelgruppen sind speziell erwärmt und die Trainierenden verteilen sich gleichmäßig auf die Boxsäcke.

Der Hauptteil am Sandsack beginnt mit sogenannten Zweierkombinationen, baut mit Dreierkombinationen auf, und findet seinen technisch-koordinativen Hochpunkt mit Viererkombinationen. Alle Kombinationen werden mindestens 16 mal wiederholt. Es folgt eine einminütige Trinkpause.

Im Anschluss wird die Ausdauerfähigkeit nochmal komplett ausgereizt durch 6 Sätze, 30 Sekunden lange Sprints (maximal schnelle, zyklische-ausdauernde, gerade Schläge, abwechselnd links und rechts aus der Kinndeckung heraus, die Beine werden währenddessen abwechselnd angehoben, wie bei der Aerobic-Technik „March"). Es folgt eine weitere einminütige Trinkpause und jeder Teilnehmer nimmt sich eine Matte.

Nach dem insgesamt 25-minütigen Sandsacktraining wird die Gruppe noch mit einem Stationstraining muskulär ausgelastet. Jeweils 30 Sekunden lang werden maximal viele, technisch saubere Liegestütze, Burpees und Crunches gemacht, zwischendurch gibt es jeweils 30 Sekunden Pause und es werden jeweils 3 Durchläufe (Sätze/Serien) absolviert. Das Stationstraining nimmt 10 Minuten in Anspruch.

Boxen ist ein technisch-koordinativ sehr komplexer Schnellkraft-Ausdauersport, der eine hohe allgemeine Fitness verlangt, deshalb wurde die methodische Reihenfolge des Trainingshauptteils (Koordinationstraining, Krafttraining, Ausdauertraining, Beweglichkeitstraining) modifiziert. Das spezifische Warm-up enthielt schon technisch-koordinative Aspekte, welche im sportartspezifischen Hauptteil mit der Kraftfähigkeit Schnellkraft kombiniert wurden. Die technisch einfachen Sprints zielen auf eine Verbesserung der anaeroben Ausdauer, das Stationstraining auf eine muskuläre Ausbelastung in Bezug auf die Kraftausdauerleistungsfähigkeit. Für den leistungsorientierten Klienten ist im Hinblick auf optimale Kraftsteigerungen und Hypertrophieeffekte ein Training bis zur muskulären Ausbelastung empfohlen (Bührle & Werner, 1984). Negative Reaktionen in Folge der hochintensiven, muskulären Ausbelastung im Hinblick auf die Kraftsteigerung durch sukzessive Abnahme des Testosterons, werden durch einen einzigen zwischengeschalteten Erholungstag umgekehrt (Garhammer & Takano, 1994). Der Beweglichkeitsaspekt wird erst im Schlussteil umgesetzt.

Zum Schluss wird ein 10-minütiges Cool-Down gemacht. Es wird zu Entspannungsmusik gewechselt. Zuerst wird ein Stretching am Boden absolviert, welches mit einer statischen Dehnung der Rumpfmuskulatur in Rückenlage (Dreh-Dehn-Lagerung) für die stark beanspruchten Obliquen beginnt. Es folgen weitere Dehnübungen für den ganzen Körper.

Ganz am Ende werden noch einige Stretching-Übungen im Stand absolviert, bevor die Teilnehmer verabschiedet werden, kurz applaudieren und gemeinsam die Boxsäcke abhängen.

1.2 Motorische Fähigkeiten im „Box-Fitness-Kurs"

Tab. 1: Motorische Fähigkeiten im „Box-Fitness-Kurs"

Motorische Fähig-keit	Definition	Inhaltliches Beispiel
Schnellkraft	„Schnellkraft ist die Fähigkeit, innerhalb kürzester Zeit einen möglichst hohen Kraftstoß zu realisieren" (Martin et al., 1993, S.104)	Alle Schlagkombinationen im Hauptteil der Trainingseinheit werden möglichst schnell und, damit hart geschlagen. Der Kraftstoß (Boxschlag) soll möglichst schnellkräftig geschlagen werden, das Eigengewicht von Arm und Boxhandschuh liegt unter 30% der Maximalkraft.
Kraftausdauer	„Die Kraftausdauer charakterisiert die Widerstandsfähigkeit gegen Ermüdung bei statischer oder dynamischer Arbeitsweise der Muskulatur gegen höhere Lasten (mehr als 30 Prozent der Maximalkraft). Die Kraftausdauer kennzeichnet damit die Fähigkeit, den Kraftverlust bei einer bestimmten Wiederholungszahl von Kraftstößen innerhalb eines bestimmten Zeitraums möglichst gering zu halten" (Martin et al., 1993, S.107 f.)	Die Übungen des Stationstrainings (Liegestütze, Burpees & Crunches) beanspruchen die entsprechenden Muskelgruppen dynamisch mit Lasten über 30% der Maximalkraft. Die Fähigkeit die submaximale Intensität über 30 Sekunden mit 15-30 Wiederholungen aufrechtzuerhalten, ist die Kraftausdauer.
Ausdauer	„Ausdauer ist die Fähigkeit, physisch und psychisch lange einer Belastung zu widerstehen, deren Intensität und Dauer letztendlich zu einer unüberwindbaren (manifesten) Ermüdung (=Leistungseinbuße) führt, und/oder sich nach physischen und psychischen Belastungen rasch zu regenerieren" (Zintl, 1997, S. 28)	Die 6 30 Sekunden langen „Sprints" (Beschreibung: siehe Kapitel 1.1) am Sandsack bezwecken ein Ausdauertraining der allgemeinen, anaeroben Kurzzeitausdauer.
Beweglichkeit	„Beweglichkeit ist die Fähigkeit, Bewegungen willkürlich und gezielt mit der erforderlichen bzw. optimalen Schwingungsweite der beteiligten Gelenke ausführen zu können" (Matin et al., 1993, S. 214)	Die Dehnübungen im Schlussteil der Trainingseinheit fördern die Dehnfähigkeit, also die Elastizität der gelenkumgebenden Muskeln, Sehnen und des Bindegewebes. Hierdurch wird Störungen des arthromuskulären Gleichgewichts, Muskeldysbalancen, Haltungsfehlern und verminderten Belastbarkeiten vorgebeugt, der Muskeltonus gesenkt und die Regeneration gefördert.

Koordination	„Aus neuromuskulärer Sicht bezeichnet Koordination das Zusammenwirken von Zentralnervensystem und Skelettmuskulatur innerhalb eines gezielten Bewegungsablaufes" (Hollmann & Hettinger, 1990, S.143)	Die korrekte Ausführung der Boxtechnik in Kombination mit der Beinarbeit stellt einen gezielten Bewegungsablauf dar. Das räumliche, zeitliche und kräftemäßige Zusammenwirken fast aller Muskeln des Körpers, gesteuert durch das ZNS, stellt eine Herausforderung an die intermuskuläre Koordination dar.
Propriozeption	„Propriozeption, auch Tiefensensibilität oder Eigenwahrnehmung genannt, ist die bewusste und unbewusste Verarbeitung afferenter Informationen über die Gelenkstellung, -bewegung und –kraft durch das zentrale Nervensystem" (Quante & Hille, 1999)	Die Propriozeption hilft einem erfahrenen Boxer bei der Ausführung von Techniken. Er muss der richtigen Standbreite & -länge, der Gewichtsverteilung & -verlagerung auf den Füßen, dem Gleichgewicht, den gebeugten Knien und dem rotierenden Becken kaum noch Aufmerksamkeit zukommen lassen. Die Technik ist teilweise verinnerlicht.
Schnelligkeit	„Schnelligkeit ist die Fähigkeit, auf einen Reiz bzw. auf ein Signal in kürzester Zeit zu reagieren und zyklische oder azyklische Bewegungen bei unterschiedlichen Widerständen mit höchster Geschwindigkeit auszuführen" (Martin et al., 1993, S.147)	Die 6 30 Sekunden langen „Sprints" (Beschreibung: siehe Kapitel 1.1) am Sandsack bezwecken zwar ein Ausdauertraining der allgemeinen, anaeroben Kurzzeitausdauer, sollen jedoch zu Beginn der §0 Sekunden zunächst auch die maximale zyklische Schnelligkeit verbessern. Später dominiert der Ausdaueraspekt.

1.3 Betrachtung des Kursleiters „A."

Tab. 2: Betrachtung des Kursleiters „A.

Funktion	Aufgabe	Beurteilung
Funktion des Lehrers	Klar definierte Ziele	Die inhaltlichen Schwerpunktziele (Verbesserung der Schnellkraft und anaeroben Ausdauer) wurden kommuniziert.
	Inhaltliche Abstimmung auf die Zielgruppe	Das Trainingsprogramm ist auf das sehr hohe Leistungsniveau der Gruppe abgestimmt.
	Begründung, Erklärung, Vormachen und Korrektur von Bewegungen	Die Übungen werden vorgemacht, erklärt und korrigiert, die Begründung der Übungen ist nicht immer vorhanden.
Funktion des Dienstleisters	Ansprechpartner für Kursteilnehmer	Vor und nach dem Kurs ist der Trainer für alle Fragen ansprechbereit und fragt proaktiv nach Fragen und Feedback.
	Integration neuer Teilnehmer	Er stellt neue Gruppenmitglieder prinzipiell vor.
	Gute äußere Bedingungen	Der Kursraum ist stets sauber, belüftet und die Sandsäcke neuwertig. Erstklassige Sportausrüstung kann erworben werden.

Funktion des Vorbilds	Äußeres Erscheinungsbild	Die Sportkleidung ist sehr gepflegt und der Eindruck ist professionell.
	Gute Haltung	Er steht gerade mit gleichmäßig verteiltem Gewicht.
	Vorbildliche Lebensführung	Er sorgt für seine persönliche Fitness und hat als Kickboxweltmeister und Fitnessstudiobetreiber sein Leben dem Sport gewidmet.
Funktion des Animateurs	Spaß am Training/ entspannter Eindruck	Er strahlt aus, dass er selbst Spaß am Training hat und wirkt entspannt.
	Positive Formulierungen	Er achtet auf eine positive Wortwahl.
	Motivation der Teilnehmer	Er motiviert regelmäßig, mehr aus sich herauszuholen.

2 Externe Bedingungen einer Kurseinheit

Tab. 3: Externe Bedingungen einer Kurseinheit

Externer Faktor	Beispiel	Auswirkung
Rahmenbedingungen	Räumlichkeiten (Raumgröße und -form, Vorhandensein von Säulen, Spiegeln oder Schwingboden)	Alle Teilnehmer benötigen Platz, um sich bewegen zu können (ein Richtwert sind 4 qm pro Teilnehmer). Einige Kursangebote wie Aerobic High Impact verlangen zusätzlich einen Spiegel zur Selbstkontrolle und einen Schwingboden. In jedem Fall muss der Kursleiter für alle Teilnehmer zu sehen sein, was durch Säulen erschwert werden kann. Somit beeinflussen die Räumlichkeiten nicht nur die maximale Teilnehmerzahl, sondern auch ob gewisse Kurse überhaupt angeboten werden können.
	Ausstattung (Musik-anlage mit Pitch Control, Matten, Kleingeräte, Hilfsmittel)	Für die Durchführung von Lift & Pump-Kursen müssen beispielsweise ausreichend Langhanteln und Gewichte zu Verfügung stehen, auch dies kann die maximale Teilnehmerzahl determinieren. Weitere Beispiele sind Matten, Steps, Thera-Bänder, TRX-Bänder, die Musikanlage und CD, Flexi-Bars und Kurzhanteln.
Zielgruppe	Gruppengröße	Ist der Korrekturbedarf auf Grund der Zielgruppe (gesundheitsorientierter Rückenkurs 60+) oder auf Grund der Komplexität von Bewegungen groß (Einsteigerkurse Kampfsport) könnte der Korrekturbedarf den Trainer überfordern und die Kursqualität somit negativ beeinflussen, daher muss die Teilnehmerzahl limitiert werden.
	Leistungslevel	Die Kurseinheit muss die Teilnehmer zielgruppenspezifisch da abholen, wo sie derzeit stehen, um effektiv, zielgerichtet und erfolgreich zu sein. Ansonsten entsteht Kundenunzufriedenheit auf Grund von Überforderung oder Unterforderung.

Zielsetzung	Sportmotorisch	Um den Trainingserfolg eines Functional Trainings zu objektivieren, könnten die Teilnehmer beispielsweise zu zwei Zeitpunkten, einmal vor und einmal nach einer halbjährlichen Teilnahme am Kurs einen funktionsgymnastischen Krafttest nach Spring et al. (1997) absolvieren. Es könnten im Training spezielle Übungen des Krafttests oder Übungsvariationen für die Kursstunde geplant werden
	Kurzfristig & speziell	Unmittelbar in einem Anfängerkickboxtraining kann das Ziel das Erlernen der Technik „Seitkicks zum Körper" sein. Einer gänzlich neuen Technik sollte dann mindestens ein ganzer Hauptteil gewidmet werden.

3   Kursplananalyse

Tab. 4: Kursplan FitnessTreff (Lindemann, 2016)

Montag	Dienstag	Mittwoch	Donnerstag	Freitag	Samstag	Sonntag
09:30-10:15 Bodystyling	09:30-10:15 Lift & Pump	09:30-10:30 Rückenfit & Stretch	09:30-10-:20 Functional Training	09:30-10:15 Step & Pump		09:15-10:05 Wake up Spinning
10.30-11:15 Easy Spinning				10:20-10:50 Wirbelsäule Flexi Bar		10:15-11:05 Bodyfit BBP
15:00-16:00 Kampfsport Kinderkarate (6-9 Jahre)				15:00-15:55 Kampfsport Kinderkarate Anfänger		11:15-12:15 Rücken & Relax
	16:00-17:00 Kampfsport Kinder		16:00-17:00 Kampfsport Kinder	16:00-17:00 Kampfsport Kinderkarate	13:30-14:30 Functional Training	
17:30-18:15 Wirbelsäulengymnastik	17:30-18:15 Easy Step & Pump			17:30-18:20 BBP & Rücken	14:45-15:45 Box Fitness	
18:30-19:15 Spin & Fun	18:30-19:15 Spinning	18:00-18:45 BBP	18:00-18:45 Functional Training	18:30-19:20 Functional Training		
19:30-20:15 Lift & Pump	19:30-20:15 Box Fitness	19:00-19:50 Step Choreo	19:00-19:45 Box Fitness	19:00-19:45 Kickboxen Anfänger		
20:30.21:20 Dance & Tone	20:30-21:30 Kickboxen Fortgeschritten	20:00-21:00 Yoga	20:00-21:00 Kickboxen Fortgeschritten	20:30-21:30 Kickboxen Fortgeschritten		

3.1 Kursplankonzeption aus wirtschaftlicher Sicht

Der Kursraum des Studios „FitnessTreff" ist circa 80 Quadratmeter groß, ist ruhig gelegen, nicht einsehbar, klimatisiert, säulenlos und hat einen Schwingboden. Zwei von vier Wänden sind komplett verspiegelt und es gibt einen Abstellraum für Trainingsgeräte.

Aus der Kursraumgröße resultieren je nach Trainingsangebot, beziehungsweise Kurs, ganz unterschiedliche maximale Teilnehmerzahlen, worauf bei der Auslastung näher eingegangen wird. Die Anzahl der Trainingsgeräte ist jeweils an der maximalen Teilnehmerzahl, nicht an Durchschnittswerten orientiert, um eine Auslastung der einzelnen Kurse zu ermöglichen. Da die Kursraumkosten als Fixkosten betrachtet werden, ist das sehr vielfältige Kursangebot gelungen, da es den Kursraum zum „Leben erweckt" und hohe Rendite erzielt. Eine differenzierte Betrachtung einzelner Leistungsfaktoren (ausdauerorientiertes, kraftorientiertes, gesundheitsorientiertes Kursangebot, Krafttrainingsangebot, Ausdauertrainingsangebot), ist auf Grund des angebotenen „Gesamtpaketes" erschwert, jedoch hat sich in der Praxis gezeigt, dass eine Angebotsausdifferenzierung neue Zielgruppen erschließt und somit die Vielfalt erfolgsrelevant ist. Das Publikum ist vielschichtig. Besonders gut ausgelastete Kurse werden nach Möglichkeit öfter angeboten, bei stagnierender Auslastung wird das Angebot meist beibehalten und bei sinkender Auslastung wird ein Absetzen des Kurses erwogen. Um auf die speziellen Zielgruppen einzugehen gibt es ein spezielles Vormittagsprogramm für gesundheitsorientierte Senioren (Rückenfit & Stretch, Wirbelsäule Flexi Bar) immer mittwochs und freitags und für die Zielgruppe „Mütter mit jungen Kindern" gibt es montags, mittwochs und freitags, während eines qualifizierten Kinderbetreuungsangebotes Kurse, die besonders bei Frauen beliebt sind (Bodystyling, Easy Spinning, Rückenfit & Stretch, Step & Pump. Nachmittags wird für Kinder und Jugendliche Kinderkarate angeboten, da dieser Trainingszeitpunkt sich speziell für diese Zielgruppe sehr gut eignet und ansonsten eher schwer nutzbar zu machen ist. In den sehr beliebten Abendstunden konzentrieren sich sehr hoch frequentierte Kursangebote mit großer maximaler Teilnehmerzahl (Box Fitness, Wirbelsäulengmnastik, Kickboxen Anfänger, Spin & Fun, Lift & Pump, Dance & Tone, BBP, Step Choreo, Yoga und Functional Training), wobei auch auf ein vielfältiges Angebot wert gelegt wird. Besonders beliebte Kurse werden sogar am Wochenende angeboten.

3.2 Angebotsstruktur

Alle Mitglieder, die an Gruppentrainingsangeboten teilnehmen, zahlen den vollen Mitgliedsbeitrag. Dieser variiert nach Mitgliedschaftslaufzeit zwischen 39€ und 52€, exklusive eines Startpaketes zwischen 29€ und 59€, je nach altersbedingter Rabattierung. Neueinsteiger dürfen einen Kurs einmalig ausprobieren, danach muss die Kaufentscheidung getroffen werden. Auf Grund der hohen Kursauslastung wurde auf das Angebot von 10er-Karten und Tageskarten verzichtet. Nur „Vollmitglieder" dürfen das beliebte Kursangebot nutzen. Über die geschlossene Mitgliedschaft darf im Sinne eines „Gesamtpaketes" auch die Trainingsfläche zum Kraft- und Ausdauertraining genutzt werden. Fortlaufende Trainingsplanungen können gemäß individueller Trainingsziele, Kontraindikationen und Wünsche angepasst, auf die Kursbelastungsparameter kostenlos erstellt werden.

3.3 Auslastung der Kurse

Tab. 5: Auslastung der Kurse

Wochentag	Kurs	Maximale Teilnehmerzahl	Durschschnittliche Teilnehmerzahl (1. Quartal 2016)	Prozentuale Auslastung des Kurses
Montag	Bodystyling	24	23	96%
	Easy Spinning	16	7	44%
	Kinderkarate (6-9 Jahre)	15	8	53%
	Wirbelsäulengymnastik	24	21	88%
	Spin & Fun	16	12	75%
	Lift & Pump	18	13	72%
	Dance & Tone	15	12	80%
Dienstag	Lift & Pump	18	7	39%
	Kinderkarate Fortgeschritten	15	10	67%
	Easy Step & Pump	15	7	47%
	Spinning	16	5	31%
	Box Fitness	27	22	81%
	Kickboxen Fortgeschritten	15	8	53%
Mittwoch	Rückenfit & Stretch	24	22	92%
	BBP	24	20	83%
	Step Choreo	15	10	67%
	Yoga	15	12	80%
Donnerstag	Functional Training	12	8	67%
	Kinderkarate Fortgeschritten	15	10	67%
	Functional Training	12	8	67%
	Box Fitness	27	26	96%
	Kickboxen Fortgeschritten	15	9	60%
Freitag	Step & Pump	15	14	93%
	Wirbelsäule Flexi-Bar	20	16	80%

	Kinderkarate Anfänger	15	15	100%
	BBP & Rücken	24	14	58%
	Functional Training	12	6	50%
	Kickboxen Anfänger	15	15	100%
	Kickboxen Fortgeschritten	15	7	47%
Samstag	Functional Training	12	10	83%
	Box Fitness	27	20	74%
Sonntag	Wake up Spinning	16	5	31%
	Bodyfit BBP	24	19	79%
	Rücken & Relax	24	12	50%

3.4 Kursplankonzeption aus organisatorischer Sicht

Die systematische Planung und Kontrolle des Kursplans wird von der Geschäftsführung übernommen. Regelmäßige Aufwärtskommunikation, Kundenbefragungen, Erfahrung und die Dokumentation der Auslastungen, geben eine solide Entscheidungsgrundlage für Veränderungen. Da das Kursangebot sich über Jahre entwickelt hat und wenige grundsätzliche Veränderungen stattfinden, hat sich eine relativ konstante Auslastung gebildet. Eine Ausnahme bilden Schulferien, da wird das Kinderkampfsportangebot reduziert. Servicekräfte und festangestellte Trainer dokumentieren die Teilnehmerzahlen jeder einzelnen Kursstunde. Zwischen den Kursen liegen immer mindestens 10 Minuten Pause, welche zum Lüften genutzt werden. Um den Kunden genügend Zeit zum Umkleiden zu geben, beginnen die Kurse eine halbe Stunde nach Studioöffnung und enden eine halbe Stunden vor Studioschließung. In den Stoßzeiten (früher Abend) liegen Kurse mit vielen Trainierenden pro Zeiteinheit, auf spezielle Zielgruppen wird vormittags und nachmittags eingegangen. Für Aufbau und Abbau von Trainingsgeräten sind die Kursleiter zuständig, teilweise müssen auch Kunden, beispielsweise ihre Steps, selbst aufstellen. Die Meldung von Materialproblemen liegt ebenfalls beim Kursleiter, die Materialpflege und –bestellung wird von der Geschäftsleitung übernommen. Neue Teilnehmer machen zuerst eine Anamnese mit festangestellten Trainern, die dann an die Kursleiter bei Neueinstieg weitergegeben wird. Ein Zuspätkommen wird im Kursbereich nicht toleriert, um den Ablauf nicht zu stören. Alle Kurse werden von qualifizierten Trainern geleitet, teilweise sind Vertretungen möglich, welche über Messenger wie WhatsApp oder Facebook kommuniziert werden dürfen.

3.5 Kursplankonzeption aus trainingswissenschaftlicher Sicht

Um einen korrekten Phasenablauf von Trainingseinheiten zu ermöglichen, dauern alle Kurse zwischen 45-60 Minuten. Um den verschiedenen Leistungsstufen der Kunden gerecht zu werden, wird zwischen Einsteigern und Fortgeschrittenen unterschieden. Beispielsweise bereitet der Spin & Fun-Kurs auf Spinningkurse vor oder der Easy Step & Pump-Kurs auf die Step & Pump-Kurse für Fortgeschrittene. Um Kunden auf ein verlangtes Leistungslevel zu bringen, können auch individuelle Trainingspläne erstellt werden, die auf bestimmte Kurse vorbereiten. Besonders im Bereich Kampfsport (Kinderkarate und Kickboxen) müssen Einsteiger einen einjährigen Anfängerkurs einmal wöchentlich absolvieren, um an den Fortgeschrittenentrainings teilnehmen zu dürfen. Indem erstmal Kampfstellung, Fortbewegung und Grundtechniken erlernt werden, wird das Verletzungsrisiko minimiert und die Fortgeschrittenen können sich mit Sparring auf Wettkämpfe vorbereiten. Während gesundheitsorientierte Kurse (Wirbelsäulengymnasik, Rückenfit & Stretch, Yoga, Wirbelsäule Flexi Bar) einmal die Woche stattfinden und im Hinblick auf das Superkompensationsmodell auch gut kombiniert werden können, ist die Trainingshäufigkeit im leistungsorientierten Bereich (Box Fitness, Kickboxen Fortgeschritten, Kinderkarate Fortgeschritten, Functional Training) mit 2-3 Trainingseinheiten deutlich höher.

3.6 Lob, Kritik und Verbesserungsvorschläge

Tab. 6: Lob , Kritik und Verbesserungsvorschläge

Thematik	Veränderungsmöglichkeiten
Angebotsstruktur	Für eher gering frequentierte Kurse wie Easy Spinning könnten 10er Karten angeboten werden, um eine Auslastung zu erreichen.
Kickboxen Fortgeschritten	Der nur halb ausgelastete Kurs (junge Zielgruppe) könnte auf Grund der Vorlieben der Zielgruppe und im Hinblick auf eine bessere Regeneration auf Samstag verlegt werden.
Functional Training	Für die Gewöhnung an höhere Intensitäten könnte einer der 4 wöchentlichen Kurse für Anfänger ausgelegt werden.
Breite des Angebots	Die Kursvielfalt sollte beibehalten werden. Sie bietet eine gute Grundlage im Verkauf von Mitgliedschaften an ganz unterschiedliche Zielgruppen.
Bodystyling	Der mit 23 Teilnehmern zu 96% ausgelastete Kurs (während der Kinderbetreuung) könnte sehr gut auch am Mittwoch um 10:30 die gleiche Zielgruppe ansprechen. Es könnte öfter trainiert werden und neue Mitglieder könnten Platz finden, sollten nicht alle Teilnehmerinnen doppelt so oft trainieren wollen oder können.

4 Planung einer Wirbelsäulengymnastik

Der 45-minütige Wirbelsäulengymnastikkurs soll an zwei Tagen die Woche angeboten werden. Der Schwerpunkt im Hauptteil liegt auf einer Kräftigung der rumpfstabilisierenden Muskulatur und der Alltagsbelastbarkeit im Alter. Ganz allgemein zielt die Wirbelsäulengymnastik auf eine Verbesserung der Körperwahrnehmung und ein gezieltes Kräftigungs-, Mobilisations-, Dehnungs-, und Entspannungstraining sowie den Ausgleich von muskulären Dysbalancen. Außerdem soll die Hüft- und Beinmuskulatur trainiert werden, da diese Muskelgruppen oft Kraftdefizite aufweisen. Insbesondere die Hüftstreckmuskulatur wirkt sich positiv auf die Rückenproblematik aus (Carpenter & Nelson, 1999). Das funktionsgymnastische Training soll altersbedingten degenerativen Prozessen wie der Sarkopenie, dem Knochenmasseverlust und der Verringerung der Stoffwechselaktivität, der Leistungsfähigkeit, der Mobilität und der Alltagsmotorik entgegenwirken und somit vor Gebrechlichkeit und funktionelle Einbußen schützen. „Trainingsprogramme für Ältere verlangen geradezu nach Kraftreizen, weil sie den Alterungsprozess, die Vorbeugung und die Behandlung von verbreiteten Erkrankungen sowie Syndrome beeinflussen, die mit dem Altern einhergehen" (Graves & Franklin, 2001, S.183). Laut Gottlob (2001, S.3) sind bei Anfängern, je nach Alter und individueller Leistungsfähigkeit, zu Beginn der Aktivitäten Kraftsteigerungen von 20-50% möglich. Zudem kann das Krafttraining auch die Hirndurchblutung und die kognitiven Funktionen der älteren Sportler verbessern, (Cassilhas et al., 2007) die Lebensqualität verbessern und die Lebenserwartung verlängern (Gale, Martyn, Cooper & Sayer, 2007). Vor Trainingsbeginn soll eine medizinische Untersuchung gemacht werden. Das Belastungsgefüge orientiert sich an der gering intensiven Makrozyklusplanung für das Training der wirbelsäulenstabilisierenden Muskulatur nach dem Konzept des Forschungs- und Präventionszentrums (FPZ) Köln (modifiziert nach Denner, 1998, S. 163). Dem gerecht wird eine Satzdauer von 90 Sekunden, bei konstanter Bewegungsgeschwindigkeit von 4 Sekunden. Das Muskelversagen wird nach subjektiver Ermüdung festgestellt. Absolviert wird ein Einsatztraining.

4.1 Zielgruppe

Die Gruppengröße soll auf 15 Teilnehmer beschränkt werden, um eine individuelle Kontrolle des Trainers zu ermöglichen. Die Zielgruppe sind Menschen mit leichten Rückenbeschwerden und Menschen im mittleren Alter beiderlei Geschlechts. Die Trainingsplanung orientiert sich an einem mittleren bis hohem Leistungslevel und soll für Teilnehmer, auch ohne Vorkenntnisse, machbar sein. Die Teilnehmer sollen ärztlich geprüft sporttauglich sein.

4.2 Material

Für die Teilnahme am Kurs stehen ausreichend Gymnastikmatten zu Verfügung. Mitgebracht werden sollen Handtücher zum unterlegen und etwas zu trinken. Weitere Trainingsmittel sind nicht nötig.

4.3 Stundenplanung

4.3.1 Einleitung/Allgemeine und spezielle Erwärmung (10 Minuten)

Zu Beginn werden die Teilnehmer herzlich willkommen geheißen und über die Trainingsschwerpunkte der Wirbelsäulengymnastik-Trainingseinheit (Kräftigung der rumpfstabilisierenden Muskulatur und Autostabilisation für die Alltagsbelastbarkeit) informiert. Es folgt eine persönliche Vorstellung und ein Überblick über den geplanten Stundenverlauf. Außerdem werden die Voraussetzungen für eine „gute" („physiologische", „natürliche") Haltung nach Kempf (2003, S.19) erklärt (die „Neutralstellung" des Beckens, die Brustkorbhebung, die Halswirbelsäulenstreckung und Schultergürtelkontrolle) und durch die bildhafte Bewegungskorrektur nach Brügger (1997) ergänzt „Richte Rumpf und Kopf auf, als würdest du von einem unsichtbaren Faden am hinteren Scheitel lang nach oben gezogen!", welche für im Stundenverlauf versucht werden soll zu berücksichtigen. Desweiteren werden die Teilnehmer dazu angehalten Bewegungen langsam und geführt ohne Schwung zu absolvieren, Gelenküberstreckungen zu vermeiden, auf eine gleichmäßige Atmung zu achten, bei Schmerzen aufzuhören und persönliche Grenzen zu erkennen und zu beachten.

Tab. 7: Übungsauswahl der allgemeinen und speziellen Erwärmung im Stand (10 Minuten)

Ziel der Übung	Übungsbezeichnung	Übungsbeschreibung	Belastungsgefüge	Bemerkungen/Hinweise
Allgemeine Erwärmung	March mit beidseitigem Schulterkreisen nach vorne	Auf der Stelle gehen und Schultern nach vorne kreisen.	32 Zählzeiten	Auf gute Haltung achten.
Allgemeine	March mit beidseitigem	Auf der Stelle gehen und	32 Zählzeiten	Auf gute Haltung

Erwärmung	Schulterkreisen nach hinten	Schultern nach hinten kreisen.		achten.
Allgemeine Erwärmung	Fersenheben dynamisch im Stand	Sprunggelenke durchstrecken	32 Zählzeiten	Auf gute Haltung achten.
Spezielle Erwärmung/Kräftigung der Beinmuskulatur	Kniebeugen im Ausfallschritt (dynamisch/linkes Bein vorne)	Im Ausfallschritt runtergehen	48 Zählzeiten	Spitzen Kniewinkel vermeiden
Spezielle Erwärmung/Kräftigung der Beinmuskulatur	Kniebeugen im Ausfallschritt (dynamisch/rechtes Bein vorne)	Im Ausfallschritt runtergehen	48 Zählzeiten	Spitzen Kniewinkel vermeiden
Spezielle Erwärmung/ Kräftigung der rückseitigen Rumpfmuskulatur	Armheranziehen im Stand mit vorgebeugtem Oberkörper (statisch)	Im Stand mit vorgebeugtem Oberkörper werden die Arme in einer U-Haltung neben dem Kopf gehalten.	48 Zählzeiten	Die Beine sind 120° gebeugt und die Hüfte befindet sich im rechten Winkel.

4.3.2   Hauptteil am Boden (20 Minuten)

Tab. 8: Übungsauswahl des Hauptteils am Boden (20 Minuten)

Ziel der Übung	Übungsbezeichnung	Übungsbeschreibung	Belastungsgefüge	Bemerkungen/Hinweise
Beckenstabilisation (Carpenter & Nelson, 1999)	Kräftigung der Gesäßmuskulatur im Unterarmstütz (dynamisch) mit gebeugtem Kniegelenk	Aus dem Unterarmstütz wird ein Bein vom Boden abgehoben und die Ferse Richtung Decke gestreckt bis der Oberschenkel parallel zum Boden steht, dann wird es wieder gesenkt	Eine Zählzeit heben, eine Zählzeit senken, 48 Zählzeiten pro Seite (insgesamt 4 min)	gerader Rücken
Rotation & Extension/Kräftigung der rückseitigen Rumpfmuskulatur, Autostabilisation	Diagonales Arm- und Beinheben im Vierfüßlerstand (dynamisch zur Kräftigung der Gesäß- und rückseitigen Rumpfmuskulatur	Aus dem Vierfüßlerstand wird ein Bein vom Boden mit gestrecktem Kniegelenk nach hinten in Verlängerung des Rückens ausgestreckt. Der diagonale Arm wird zeitgleich nach vorne in Verlängerung des Rückens ausgestreckt. Dann wird das ausgestreckte Bein im Knie und Hüftgelenk gebeugt und der ausgestreckte Arm unter den Bauch gezogen. Nach maximaler Beugung werdern Arm und Bein wieder gestreckt.	Eine Zählzeit heben, eine Zählzeit senken, 48 Zählzeiten pro Seite (insgesamt 4 min)	Der Blick bleibt zum Boden gerichtet.

Extension/Kräftigung der rückseitigen Rumpfmuskulatur, Autostabilisation	Armheben in Bauchlage (Butterfly reverse) (dynamisch) zur Kräftigung der rückseitigen Rumpfmuskulatur	In der Bauchlage werden die Arme in der U-Halte auf Kopfhöhe angehoben und wieder abgesenkt. Die Arme werden Richtung Decke angehoben, während die Schulterblätter in Richtung Wirbelsäule zusammengezogen und wieder abgesenkt werden.	Eine Zählzeit heben, eine Zählzeit senken, (90 Sekunden)	Der blick bleibt zum Boden gerichtet. Die Brust wird aktiv rausgestreckt.
Flexion/ Kräftigung der vorderseitigen Rumpfmuskulatur, Autostabilisation	Statischer Unterarmstütz zur Kräftigung der Rumpfmuskulatur	Im Unterarmstütz mit gestreckten Beinen wird das Becken und die Knie vom Boden abgehoben und gehalten.	32 Zählzeiten halten	Der Blick bleibt zum Boden gerichtet. Die Brust wird aktiv rausgestreckt, der Rücken bleibt gerade.
Flexion/ Kräftigung der vorderseitigen Rumpfmuskulatur, Autostabilisation	Oberkörperheben in der Rückenlage (Crunch gerade) (dynamisch) zur Kräftigung der Bauchmuskulatur	In der Rückenlage werden die Beine angewinkelt und die Füße abgestellt. Die Hände befinden sich rechts und links am Kopf, die Ellenbogen zeigen nach außen.Der Schultergürtel wird bis zur Lendenwirbelsäule aufgerollt und anschließend wieder in die Ausgangsposition zurück abgerollt.	Eine Zählzeit heben, eine Zählzeit senken, (90 Sekunden)	Die Fersen drücken aktiv in den Boden.
Lateralflexion/Kräftigung der Wirbelsäulenlateralflexoren, Autostabilisation	Seitstütz (dynamisch) zur Kräftigung der seitlichen Rumpfmuskulatur	Im Seitstütz mit 90° gebeugten Kniegelenken (Unterschenkel auf dem Boden fixiert) wird der Oberkörper auf dem Unterarm abgestützt. Das Becken wird vom Boden maximal nach oben angehoben und wieder nach unten bis knapp über den Boden gesenkt.	Eine Zählzeit heben, eine Zählzeit senken, 48 Zählzeiten pro Seite (insgesamt 4 min)	Der Ellenbogen steht direkt unter der schulter. Die Hüfte bleibt gestreckt. Der Blick ist nach vorne gerichtet.
Lateralflexion/Kräftigung der Wirbelsäulenlateralflexoren, Autostabilisation	Wirbelsäulen-Lateralflexion in Bauchlage (dynamisch) zur Kräftigung der Wirbelsäulenlateralflexoren	Aus der Bauchlage (Füße aufgestellt) wird der Oberkörper leicht angehoben und die Hände im Nacken gefaltet. Jetzt wird der Oberkörper abwechselnd zu den Seiten geneigt.	48 Zählzeiten	Der Blick ist zum Boden gerichtet, der Kopf hinten, die Schulterblätter zusammengezogen.

4.3.3 Schlussteil (15 Minuten)

Bei allen Dehnübungen soll auf ein langsames Einnehmen und Verlassen der exakten Dehnposition und eine ruhige und gleichmäßige Atmung geachtet werden. Die Dehndauer soll jeweils 45 Sekunden betragen und jede Übung soll drei mal ausgeführt werden.

Tab. 9: Übungsauswahl des Schlussteils mit Schwerpunkt „Dehnung" (15 Minuten)

Ziel der Übung	Übungsbezeichnung	Übungsbeschreibung	Belastungsgefüge	Bemerkungen/Hinweise
Dehnung der Lateralflexoren	Dehnung der seitlichen Rumpfmuskulatur (statisch) im Seitgrätschstand	Aus dem Seitgrätschstand werden die gestreckten Arme maximal vom Körper abgespreizt und verschränkt nach oben über den Kopf geführt. Jetzt wird der Körper bei gerader Beckenachse leicht zur Seite geneigt.	45 Sekunden halten/ 3 Sätze pro Seite	Der Brustkorb bleibt aufgerichtet. Zusätzlich wird die Dehnung durch einen aktiven Zug nach oben an dem zur Beugerichtung gegenüberliegenden Arm verstärkt.
Dehnung der Rotatoren und Flexoren (Obliquen)	Dehnung der seitlichen Rumpfmuskulatur (statisch) in Rückenlage (Dreh-Dehn-Lagerung)	Aus der Rückenlage werden die Knie angewinkelt und die Arme liegen 90° abgespreizt vom Körper am Boden. Jetzt werden die angewinkelten Beine nacheinander zur Seite auf den Boden abgelegt.	45 Sekunden halten/ 3 Sätze pro Seite	Der Schultergürtel bleibt komplett auf dem Boden liegen.
Dehnung der Gesäßmuskulatur	Dehnung der Gesäßmuskular (statisch) in Rückenlage	Aus der Rückenlage wird ein Bein mit gebeugtem Kniegelenk auf dem Boden abgestellt. Das andere Bein wird in der Hüfte nach außen rotiert und mit dem Unterschenkel an der Oberschenkelrückseite ergriffen und zum Oberkörper herangezogen.	45 Sekunden halten/ 3 Sätze pro Seite	Der Blick geht nach oben und der Unterschenkel des Stützbeins hängt locker nach unten.
Dehnung des Extensors (M. erector spinae)	Dehnung der Rückenstrecker (dynamisch) im Vierfüßlerstand (Katzenbuckel)	Aus dem Vierfüßlerstand wird die Bauchmuskulatur aktiv angespannt und die Wirbelsäule im Rahmen ihres physiologischen Bewegungsspielraums nach oben gewölbt. Dann wird die Wirbelsäule nach unten gestreckt und wieder nach oben gewölbt.	45 Sekunden halten/ 3 Sätze	Der Blick geht nach unten.

| Dehnung der Hüftbeuger | Dehnung der Hüftbeugemuskulatur (statisch) im Kniestand | Ein Bein wird vor den Körper auf den ganzen Fuß aufgestellt, sodass es im Kniegelenk gebeugt ist. Das hintere Bein liegt mit dem Knie und dem kompletten Unterschenkel auf dem Boden. Der Oberkörper stützt sich auf das vordere Bein. Jetzt wird der Körperschwerpunkt nach vorne unten verlagert und das Becken abgesenkt. | 45 Sekunden halten/ 3 Sätze pro Seite | Der vordere Fuß bleibt vor dem vorderen Knie. Der Oberkörper bleibt aufrecht. |

5   Literaturverzeichnis

Brügger, A. (1997). *Die Funktionskrankheiten des Bewegungsapparates. Eine Standortbestimmung. Funktionskrankheiten des Bewegungsapparates (8)*, 10-16.

Bührle, M. & Werner, E. (1984). Das Muskelquerschnittstraining der Bodybuilder. *Leistungssport*, 14 (3), 5-9.

Carpenter, D. M. & Nelson, B.W. (1999). Lock back strengthening fort he prevention and treatment of low back pain. *Medicine and Science in Sports and Exercise*, *39* (8), 1401-1407.

Cassilhas, R. C., Viana, V. A., Grassmann, V., Santos, R. T., Santos, R.F., Tufik, S. & Mello, M.T. (2007). The impact of resistance exercise on the cognitive function in the elderly. *Medicine and Science in Sports and Exercise, 39* (8), 1401-1407.

Denner, A. (1998). *Analyse und Training der wirbelsäulenstabilisierenden Muskulatur.* Berlin, Heidelberg: Springer.

Gale, C.R., Martyn, C.N., Cooper, C., & Sayer, A.A., (2007). Grip strength, body composition, and mortality. *International Journal of Epidemiology, 36* (1), 228-235.

Garhammer, J. & Takano, B. (1994). Training im Gewichtheben. In P. V. Komi (Hrsg.), *Kraft und Schnellkraft im Sport* (S. 353-364). Köln: Deutscher Ärzte-Verlag.

Gottlob, A. (2001). *Differenziertes Krafttraining.* München: Urban und Fischer.

Graves, J. E. & Franklin, B A.(2001). *Resistance training for health and rehabilitation.* Champaign, Ill: Human Kinetics.

Hollmann, A., Lames, M. & Letzelter, M. (2002). *Einführung in die Trainings-wissenschaft.* Wiebelsheim: Limpert.

Kempf, H.-D. (2003). *Hometrainer Fitness.* Reinbek: Rowohlt.

Lindemann, A. (2016). Kursplan FitnessTreff Lindemann. Zugriff am 13.03.2016. Verfügbar unter http://fitnesstreff-lindemann.de/timetable/#all-classes

Martin, D., Carl, K. & Lehnertz, K. (1993). *Handbuch Trainingslehre.* Schorn-dorf: Hofmann.

Quante, M. & Hille, E. (1999). Propriozeption: Eine kritische Analyse zum Stel-lenwert in der Sportmedizin. *Deutsche Zeitschrift für Sportmedizin 50* (10), 306-310.

Spring, H., Dvorak, V., Schneider, W., Trischler, T. &Villinger, B. (1997). *Theo-rie und Praxis der Trainingstherapie.* Stuttgart:Thieme.

Zintl, F. (1997). *Ausdauertraining.* München: BLV-Sportwissen

6 Tabellenverzeichnis